Ich bin der kleine Zappelmann

**Neue Fingerspiellieder
und Fingerspiele für die Kleinsten
und für Kindergartenkinder**

Musik: Detlev Jöcker
Texte: Detlev Jöcker, Rolf Kre
Ingrid Biermann, Lore Kleikamp, A
Illustrationen: Susanne Szes

Menschenkinder®

DETLEV JÖCKERs bunte Liederwelt

Unser **aktuelles Verlagsprogramm** mit weiteren Tonträgern und Büchern von **Detlev Jöcker** schicken wir Ihnen gerne unverbindlich zu.

1. Auflage 2002
Menschenkinder® Verlag, 48157 Münster

Druck: Druckerei Uhl, Radolfzell
Satz und Layout: FACHWERK, Werbe- und Projektagentur, Münster

Printed in Germany 2002

ISBN 3-89516-165-9

Die Deutsche Bibliothek – CIP – Einheitsaufnahme

Ich bin der kleine Zappelmann : neue Fingerspiellieder und Fingerspiele für die Kleinsten
und für Kindergartenkinder / Musik Detlev Jöcker. Texte Detlev Jöcker ... Umschlaggestaltung
und Ill. Susanne Szesny. - Münster : Menschenkinder®, 2002

Fingerspiele zum Krabbeln, Kitzeln und Schmusen

Fingerspiele beim Wickeln, Waschen, Anziehen und Essen

Fingerspiele beim Einschlafen und Aufwachen

Krabbeln, Kitzeln und Schmusen

Ich bin der kleine Zappelmann

Text und Musik: Detlev Jöcker

Refrain:
Ich bin der kleine Zappelmann,
schau her, ich zeig' dir, was ich kann.
Ich zappel hin und zappel her,
doch ich kann noch viel, viel mehr.

2. Hüpf' auf deinen Bauch,
komm' zu den Knien auch.
Rutsch' herunter auf die Zeh'n,
da kannst du mich nicht sehn.

Refrain:
Ich bin der kleine Zappelmann ...

Zappel- und Krabbelspiel zum Lied

Mit bunten Fingerfarben können Sie ein lustiges Gesicht in Ihre Handinnenfläche malen. Wenn Sie dieses Lied mit einem Kleinkind spielen, sollten Sie das Gesicht möglichst einfach gestalten (Kreis, Punkt, Punkt, Komma, Strich). Kleine Kinder können klare und einfache Formen besser erkennen.
Im Refrain bewegt sich der „Zappelmann“ vor dem Gesicht des Kindes hin und her. Die Strophen des Liedes werden einfach mit der Hand nachgespielt.

Erst kommt der Sonnenkäferpapa

Text: überliefert / 3. Strophe: Detlev Jöcker / Musik: Detlev Jöcker

Refrain:

Erst kommt der Sonnenkäferpapa,
dann kommt die Sonnenkäfermama.
Und hinterdrein, ganz klitzeklein,
die Sonnenkäferkinderlein.

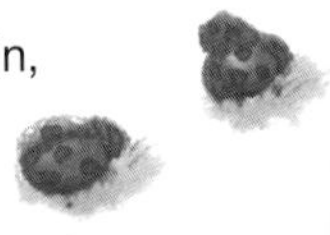

2. So machen sie den Sonntagsgang
   auf' unsrer Gartenbank entlang.

Refrain:
Erst kommt der Sonnenkäferpapa....

3. Doch Abends gehn die Käferlein
   in ihre Käferbetten rein.

Refrain:
Erst kommt der Sonnen-
käferpapa ...

Hand- und Krabbelspiel zum Lied

Die Finger der rechten Hand gehen auf dem Tisch herum oder krabbeln am Arm des Kindes hinauf. Daumen und Zeigefinger der rechten Hand spielen Sonnenkäferpapa und Sonnenkäfermama. Die fünf Finger der linken Hand sind die Sonnenkäferkinderlein. Zum letzten Refrain wandern zuerst Sonnenkäferpapa und -mama vom Tisch oder vom Arm des Kindes herunter auf den Körper des Spielers und verschwinden hinter dem Rücken. Die Sonnenkäferkinderlein folgen den Eltern.

Ganz langsam fährt der Omnibus

Text: Rolf Krenzer / Musik: Detlev Jöcker

2. Und schneller fährt der Omnibus
dein Bein hinunter bis zum Fuß
und mit Geschnauf und mit Geschnauf
den andern Berg hinauf.
Und mit Geschnauf und mit Geschnauf
den andern Berg hinauf.

3. Ganz schnell fährt jetzt der Omnibus
dein Bein hinunter bis zum Fuß
und dann ganz schnell,
pass auf, pass auf,
den andern Berg hinauf.
Und dann ganz schnell,
pass auf, pass auf,
den andern Berg hinauf.

Körperfingerspiel zum Lied

Eine Hand oder zwei Finger stellen den Omnibus dar. Auch ein kleines Spielauto lässt sich verwenden. Entsprechend den Strophen wird zunächst am rechten und dann am linken Bein hinauf- und hinuntergefahren.

Die erste Strophe wird, wie im Text angegeben, sehr langsam gesungen, die zweite Strophe etwas schneller und die dritte ganz schnell. Damit das Kleinkind nach der letzten Strophe wieder zur Ruhe kommt, kann ruhig noch einmal die erste Strophe gesungen werden.

Ich streichel dich ein bisschen

Text: Rolf Krenzer / Musik: Detlev Jöcker

2. Ich krabbel dir, mein Kleinchen,
ganz zärtlich beide Beinchen,
dann setz' ich dich auf meine Knie
und schaukel dich, so wie noch nie,
und schaukel dich, so wie noch nie.

3. Und drück' ich deine Hände,
dann ist es bald zu Ende.
Ich rufe „Hopp!“ und „Stopp!“ und „Ho!“
und setze dich auf deinen Po,
und setze dich auf deinen Po.

Kniereiterspiel zum Lied

Mit Streicheln, Kitzeln und Krabbeln auf dem Schoß beginnt es. Wenn Sie das Kind auf Ihre Knie setzen, werden die Bewegungen immer wilder. Nach dem Schaukeln nehmen Sie das Kind in beide Arme und setzen es vor sich auf den Boden.

Das klitzekleine Streichelmäuschen

von Anke Voss

Das klitzekleine Streichelmäuschen
streichelt nun dein weiches Bäuchchen, **1**
es streichelt bis du lachst. **2**
Schau, wieviel Spaß das macht. **3**

(Beinchen, Füßchen, Ärmchen, Köpfchen, Öhrchen, Näschen, Mündchen)

Streichelspiel für die Kleinsten

1 Die entsprechende Stelle streicheln.

2 Nach „es streichelt bis du lachst" können Sie eine kleine Pause machen und das Kind so lange streicheln, wie es ihm gefällt.

3 Den Text sprechen, beide Hände des Kindes nehmen und sie dabei dreimal leicht aufeinanderpatschen.

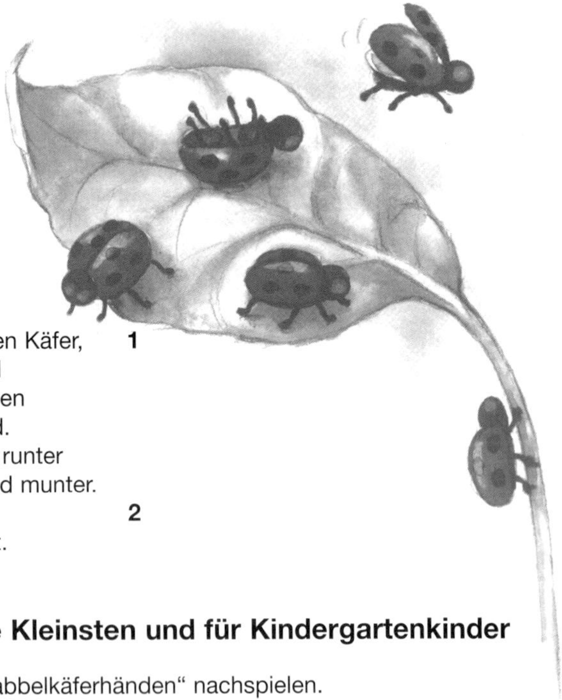

Kennt ihr schon die kleinen Käfer?

von Ingrid Biermann

Kennt ihr schon die kleinen Käfer, 1
die im Sommer eifrig sind
und mit ihren flinken Beinen
immer auf der Suche sind.
Hierhin, dorthin, rauf und runter
krabbeln sie ganz froh und munter.
Abends sind sie alle fort, 2
sind an einem andern Ort.

Krabbelspiel für die Kleinsten und für Kindergartenkinder

1 Den Text mit den „Krabbelkäferhänden“ nachspielen.
2 Die Hände verschwinden hinter dem Rücken.

Der Wind bläst sacht

von Detlev Jöcker

Der Wind wird wach **1**
und will spazierengehn.
Huhuhu. *
Der Wind bläst sacht **2**
er will die Welt heut' sehn.
Huhuhu. *
Der Wind bläst stark den
ganzen Tag durchs Land. **3**
Huhuhu. *
Da ist der Wind! **4**
Komm, fang ihn schnell
mit deiner kleinen Hand.
Huhuhu. *
(* = sanft pusten)

Finger- und Pustespiel für die Kleinsten

Dieses Pustespiel ist besonders schön und angenehm für das Kind, wenn es nach dem Wickeln oder Baden noch nicht angezogen ist.

1 Den Text sprechen und danach mit dem Mund ein leises Windgeräusch machen.

2 Sprechen Sie den Text und berühren Sie dabei mit Ihren Händen leicht die Füße Ihres Kindes. Danach blasen Sie ganz weich, mit leicht geöffnetem Mund Ihren **warmen** Atem auf seine Füße.

3 Sprechen Sie den Text und wandern Sie mit Ihren Händen langsam am Körper des Kindes hoch. Danach wieder etwas stärker pusten.

4 Den Text sprechen und anschließend die Hände des Kindes zusammenführen und hineinpusten.

Hinter dem Berge

von Lore Kleikamp

Hinter dem Berge **1**
wohnen zehn Zwerge. **2**
Sie krixeln und kraxeln **3**
ganz fröhlich und munter
den Berg hinauf.
Und sind sie oben, **4**
dann rutschen sie runter.

Krabbelspiel für die Kleinsten

1 Mit beiden Händen ein Dach formen.
2 Alle Finger der Hände zeigen.
3 Mit den Fingern am Körper des Kindes hochkrabbeln.
4 Mit den Händen am Körper des Kindes wieder herunterrutschen.

Körperspiel für Kindergartenkinder

Ein Kind steht hinter einem anderen Kind und führt folgende Bewegungen auf dessen Körper aus:

1 Die Hände auf den Kopf legen.
2 Mit den Fingern beider Hände auf den Füßen trommeln.
3 Mit den Fingern am Körper hochkrabbeln.
4 Mit den Händen am Körper bis zu den Füßen wieder herunterrutschen.

Müde Beine
von Rolf Krenzer

Die Beine sind müde 1
und woll'n nicht mehr gehn.
Die Beine sind müde
und können kaum stehn.
Nicht flitzen. Nur sitzen.
Da komm' ich verstohlen 2
und kitzel die Sohlen 3
und kitzel die Beine
und kitzel die Knie.
Schon laufen die Beine 4
so schnell wie noch nie.

Kniereiterspiel für die Kleinsten und für Kindergartenkinder

Das Kind setzt sich rücklings auf Ihren Schoß.

1 Sie bewegen Ihre Beine hin und her. (Mit müder Stimme sprechen)
2 Ihre Hände nähern sich langsam dem Kind. (Geheimnisvoll sprechen)
3 Sie kitzeln die angesprochenen Körperteile.
4 Sie fassen die Waden des Kindes und bewegen sie ganz schnell hin und her.

Siehst du die Fliege Summ?
von Rolf Krenzer

Siehst du die Fliege Summ, Summ, Summ,
die fliegt um deinen Kopf herum.
Sie fühlt sich so bei dir zu Haus
und ruht sich auf der Nase aus.

Weitere Möglichkeiten:
... und ruht sich auf der Stirn nun aus.
... und ruht sich auf dem Öhrchen aus.
... und ruht sich auf den Haaren aus.

Körperfingerspiel für die Kleinsten und für Kindergartenkinder

Mit einer Hand wird die Fliege dargestellt, die langsam und schnell um den Kopf des Kindes herumfliegt und sich dann irgendwo niederläßt.
Das Kind versucht, die Fliege mit der Hand zu fangen, wenn sie sich gerade niedergelassen hat. Aber meistens ist die Fliege schneller. Wenn das Kind mag oder kann, schließt es die Augen.
Man kann auch seine Augen zuhalten oder sie mit einem Tuch verbinden.

Wickeln, Waschen, Anziehen und Essen

Immer geht das Segelboot

Text und Musik: Detlev Jöcker

1. Immer geht das Segelboot **1**
auf und nieder, auf und nieder.
Es bewegt sich hin und her, **2**
immer wieder.
Taucht ein bißchen tiefer ein, **3**
immer mehr, immer mehr.
Tauchen fällt dem Segelboot **4**
überhaupt nicht schwer.

2. Wellen kommen auch herbei, **5**
auf und nieder, auf und nieder.
Und sie gehen hin und her,
immer wieder.
Springen übers ganze Boot,
hin und her, hin und her.
Springen fällt den Wellen heut'
überhaupt nicht schwer.

3. Auch ein lieber Wind ist da, auf und nieder, auf und nieder. **6**
Er bewegt sich hin und her, immer wieder. Bläst ins Segelboot hinein,
hin und her, hin und her. Blasen fällt dem lieben Wind überhaupt nicht schwer.

Spiel beim Baden in der Wanne für die Kleinsten

Dieses Spiel will helfen, dass das Baden für die Kleinsten zu einem entspannenden Erlebnis wird. Wie beim Babyschwimmen ist auch hier die schrittweise Wassergewöhnung entscheidend für das Wohlgefühl des Kindes. Das Wasser in der Wanne sollte ungefähr 32 Grad warm sein. Greifen Sie mit einer Hand unter den Rücken des Kindes, so dass gleichzeitig der Rücken festgehalten und der Kopf-Nacken-Bereich gestützt wird. Mit der anderen Hand halten Sie die Beine des Kindes.

1 Das Kind über dem Wasser auf und nieder
2 und hin und her bewegen.
3 Ganz vorsichtig mit dem Po
4 und dann mit dem Körper in das Wasser eintauchen.
5 Die Hand, die die Beinchen festgehalten hat, lösen und kleine Wellen über den Körper des Kindes schwappen lassen.
6 Mit der Hand oder mit einem weichen Waschlappen das Kind waschen.

Die große Schlange

Text und Musik: Detlev Jöcker

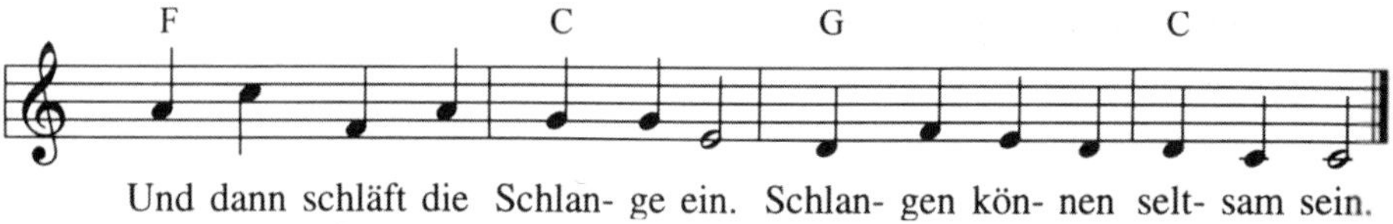

Langsam, Stück für Stück, 1
kriecht sie 'rum im Kreise,
denn die große Schlange
macht sich auf die Reise.
Unter vielen Brücken
kriecht sie langsam her.
Das ist ziemlich mühsam
und geht ganz schön schwer.

Ist sie dann am Ziele,
das mit Eleganz,
beißt sie sich, o jemine, 2
einfach in den Schwanz.
Und dann schläft die Schlange ein,
Schlangen können seltsam sein.

Spiel zum Einführen eines Hosengürtels für Kindergartenkinder

1 Wenn das Kind vor Ihnen steht, stecken Sie den Gürtel unter die erste Gürtellasche (Brücke) und führen ihn auch unter den anderen hindurch. Dabei dreht sich das Kind langsam mit.

2 Die Gürtelschnalle wird geschlossen.

Dibbe dibbe dibb, klettert ein Mäuschen

Text und Musik: Detlev Jöcker

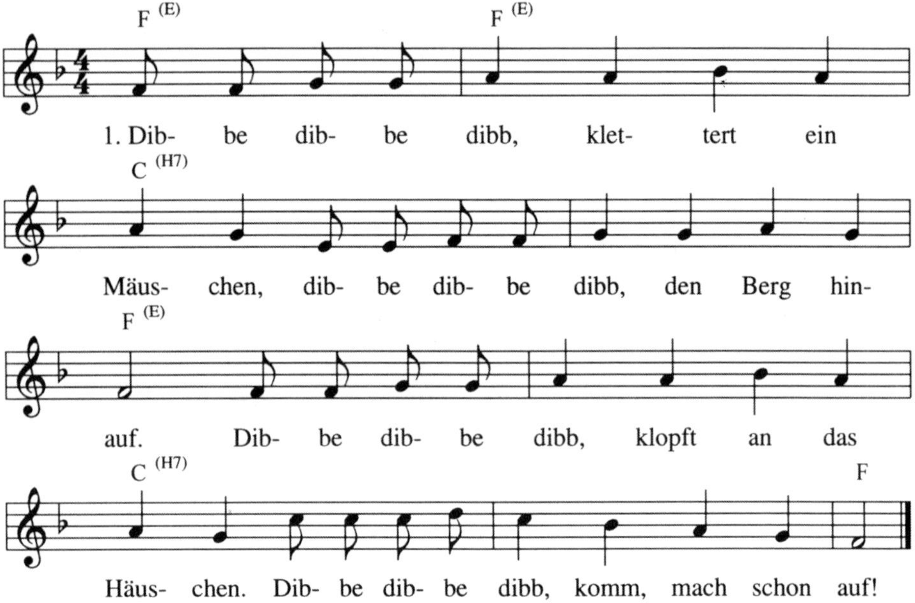

2. Dibbe dibbe dibb,
klettern zwei Mäuschen,
dibbe dibbe dibb,
den Berg hinauf.
Dibbe dibbe dibb,
klopfen ans Häuschen.
Dibbe dibbe dibb,
komm, mach schon auf.

3. Dibbe dibbe dibb,
klettern drei Mäuschen
...

4. Dibbe dibbe dibb,
klettern vier Mäuschen
...

5. Dibbe dibbe dibb,
klettern fünf Mäuschen ...

Fingerspiel zum Mündchen-öffnen beim Essen für die Kleinsten

Welche Eltern von Kleinkindern kennen diese Situation nicht? Das Kind will beim Essen einfach nicht den Mund öffnen. Vielleicht gelingt es mit Hilfe dieses Liedes. Mit den Fingern werden die Mäuschen gespielt, die sich langsam von unten am Körper des Kindes hoch in Richtung Mund bewegen. Bei „klopft an das Häuschen" tippen wir mit der Löffelspitze leicht an die Unterlippe des Kindes. Nach „Komm, mach schon auf." öffnen wir selber den Mund ganz weit, da die Kleinen das oft gerne nachmachen.

Wo ist denn das Bäuerchen?

von Anke Voss

Ich streichel deinen Rücken
und klopfe ihn ganz sacht.
Wo ist es denn, das Bäuerchen?
Komm, zeig mir, wie du's machst.

Handspiel nach dem Essen für die Kleinsten

Wenn nach dem Stillen oder einer Mahlzeit das „Bäuerchen" noch fehlt, kann dieses Handspiel sehr hilfreich sein. Sie legen das Kind an Ihre Schulter und halten eine Hand unter seinen Po. Mit der anderen Hand halten Sie den Rücken fest und benutzen diese Hand gleichzeitig zum Streicheln und Klopfen. Bei „Komm, zeig mir, wie du's machst" bewegen Sie das Kind leicht auf und ab.

Fleißig sind die Zippelzwerge

von Detlev Jöcker

Fleißig sind die Zippelzwerge 1
helfen gern beim Anziehn mit.
Kommen runter von dem Berge, 2
laufen ganz schnell, zipp, zipp, zipp.
Helfen bei dem Höschen mit. 3
Und das geht dann ...
Zipp, Zipp, Zipp.
(Windel, Hemdchen, Strampler; Säckchen, Mützchen usw.)

Anziehspiel für die Kleinsten

Beim Anziehen der Kleinsten haben wir oft unsere liebe Not. Bei soviel Gestrampel ist es nicht einfach, die Beinchen in den Strampler oder die Söckchen an die Füße zu bekommen. Mit Hilfe dieser kleinen Fingergeschichte gelingt es um so besser.

1 Mit zwei Fingern auf dem Kopf des Kindes spazierengehn.
2 Vom Kopf über den Körper des Kindes bis zu dem Körperteil, das angezogen werden soll, herunter wandern.
3 Das Kleidungsstück anziehen und anschließend „Zipp, zipp, zipp!“ rufen. Dabei leicht auf die Nasenspitze des Kindes tippen.

Schau, diese Hand

von Detlev Jöcker

Schau, diese Hand hat **1**
eins, zwei, drei, vier, fünf Fingerlein. **2**
Und diese Hand hat auch **3**
eins, zwei, drei, vier, fünf Fingerlein. **4**
Und beide Hände, ja, beide Hände
wollen heute fleißig sein. **5**
Und darum rutschen sie geschwind **6**
herunter an dem kleinen Kind.
Dann suchen sie die Söckchen. **7**
Hurra, da sind sie ja! **8**
Dann suchen sie das Hemdchen.
usw...

Aus- und Anziehspiel beim Wickeln für die Kleinsten

1 Eine Faust zeigen.
2 Nacheinander alle Finger aus der Faust herausstrecken.
3 und **4** Mit der anderen Hand wie 1 und 2.
5 Alle Finger bewegen.
6 Mit beiden Händen an dem Körper des Kindes herunterrutschen.
7 Das Kleidungsstück an- bzw. ausziehen.
8 Das Kind anlachen.

Einschlafen und Aufwachen

Sehr müde ist die Krabbelschneck'

Text und Musik: Detlev Jöcker

2. Sehr müde ist die Krabbelschneck',
sie sucht ihr Schneckenhaus.
Sie kriecht an deinem Hälschen hoch
und will noch weit hinaus.
Und als sie deine Nas' erreicht,
da fängst du an zu lachen.
Die liebe, kleine Krabbelschneck',
was macht die nur für Sachen.

3. Sehr müde ist die Krabbelschneck',
sie sucht ihr Schneckenhaus.
Sie kriecht an deinem Köpfchen hoch
und will noch weit hinaus.
Und als sie dann ein Ohr erreicht,
da fängst du an zu lachen.
Die liebe, kleine Krabbelschneck',
was macht die nur für Sachen.

4. Jetzt sucht die kleine
Krabbelschneck'
nicht mehr ihr Schneckenhaus.
Sie schläft in deinem Öhrchen ein
und will nicht mehr heraus.
Und wenn du selber
friedlich schläfst,
dann singt das Schneckchen leise
dir in dein kleines Krabbelohr
die allerschönste Weise.

Vom Sandmann

von Lore Kleikamp

Vom Sandmann nimm ein weiches Söckchen,
vom Weihnachtsmann ein kleines Glöckchen,
vom Abendwind den leisen Hauch,
und Schäfchenwolken brauchst du auch.

Nimm etwas Flaum vom Vogelnestchen,
vom Regenbogen nur ein Restchen.
Nimm von der Biene das Summ-Summ,
streu etwas Mondenschein herum.

Von allem schnür ein kleines Päckchen
und steck es in ein weiches Söckchen.
Leg's unters Kissen dir ganz sacht,
dann hast du eine gute Nacht.

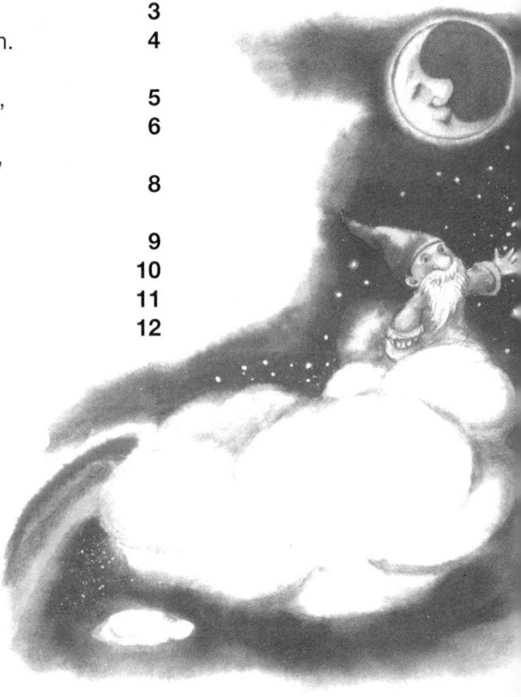

Fingerspiel als Einschlafhilfe für die Kleinsten und für Kindergartenkinder

Sprechen Sie den Text langsam und mit leiser Stimme. Die Bewegungen sollten bei den Kleinsten in aller Ruhe ausgeführt werden.

1 Die Füße des Kindes anfassen.
2 Mit einer Hand eine Glocke darstellen (Faust bilden, den Mittelfinger herausstrecken und hin und her bewegen).
3 Die Hände des Kindes fassen und darauf hauchen.
4 Mit den Händen in der Luft eine Wolke formen.
5 Die Hand des Kindes nehmen und aus seiner Handinnenfläche etwas „Flaum“ nehmen.
6 Mit einer Hand in der Luft die Form eines Regenbogens nachzeichnen.
7 Mit einem Finger auf dem Kopf des Kindes einen Kreis malen.
8 Eine Streubewegung in der Luft machen.
9 Beide Hände des Kindes ineinanderlegen und sie leicht zusammendrücken.
10 Den Daumen und den Zeigefinger zusammenführen, so dass eine Kreisöffnung entsteht und mit der anderen Hand etwas hineinstecken.
11 Die Hand auf den Kopf des Kindes legen.
12 Über die Augen des Kindes streichen.

Tut, tut, tut

von Detlev Jöcker

„Tut, tut, tut" macht das ... Auto 1
und fährt nur im Kreis herum.
„Tsch, tsch, tsch" macht der ... Schnellzug
und rast nur im Kreis herum.
„Piep, piep, piep" macht der ... Vogel
und fliegt nur im Kreis herum.
„Gluck, gluck, gluck" macht der ... Fisch
und schwimmt nur im Kreis herum.
Doch der (z.B.) Christian sagt nur:
„Sich im Kreis drehn, ist doch dumm!
Warum lasst ihr es nicht sein 2
und schlaft einfach mit mir ein?" 3

Finger- und Ratespiel als Einschlafhilfe für Kindergartenkinder

1 Das Kind dreht seine Hände umeinander. Kurz bevor der Gegenstand oder das Tier genannt wird, im Text innehalten. Nun muss das Kind den gesagten Gegenstand bzw. das Tier erraten. Gelingt das, geht es weiter mit dem Text und den Drehbewegungen.

2 Das Kind hört mit den Bewegungen auf.

3 Sie streichen dem Kind über seine Augen.

Ich lächel, mein Kind

von Lore Kleikamp

Ich lächel, mein Kind, **1**
ich lächel dir zu.
Und du nimmst mein Lächeln
mit in deine Ruh'.
Es bleibt die ganze Nacht bei dir. **2**
Und morgen kommt's aus deinen
Augen
wieder her zu mir. **3**

Fingerspiel im Bett für die Kleinsten

1 Das Kind anlächeln.
2 Mit einem Finger auf das Kinn des Kindes tippen.
3 Mit einer Hand vorsichtig über die Augen des Kindes streichen.

Guten Morgen

von Detlev Jöcker

Guten Morgen, guten Morgen, **1**
grüßt das kleine Vögelein.
Guten Morgen, guten Morgen,
es will immer bei dir sein.
Guten Morgen, guten Morgen, **2**
kommt ein zweites noch hinzu,
küssen sich **3**
und küssen dich, **4**
und schon bist du wach im Nu. **5**

Fingerspiel zum Aufwachen für die Kleinsten und für Kindergartenkinder

1 Eine Hand (Vogel) kommt angeflogen und bleibt über dem Kopf des Kindes stehen. Alle Finger sind dabei in Bewegung.
2 Die andere Hand kommt hinzu.
3 Die Fingerkuppen der Mittelfinger „küssen" sich.
4 Der Erwachsene küsst das Kind.
5 Nun kann man das Kind aus dem Bett holen.

Aufgewacht, du süße Maus

Text und Musik: Detlev Jöcker

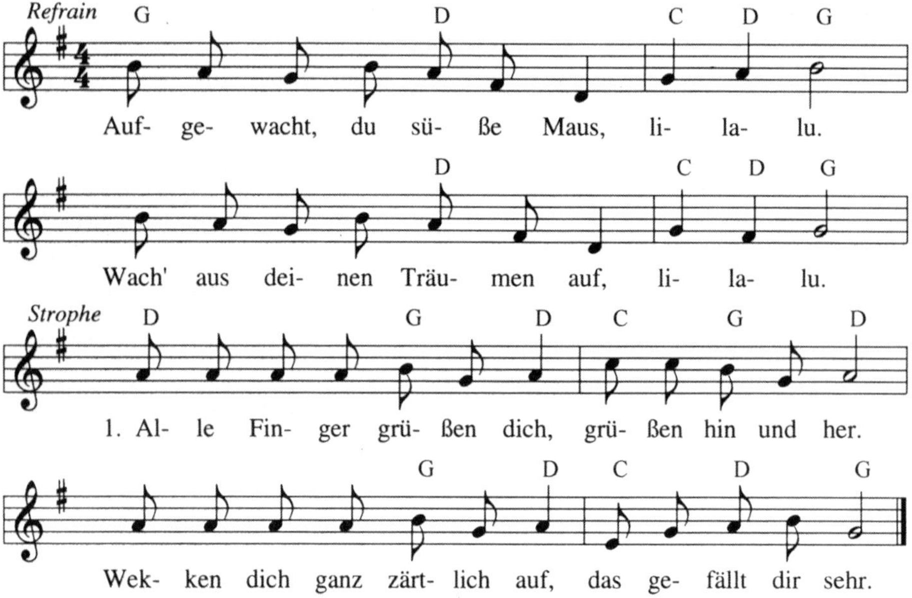

Refrain:

Aufgewacht, du süße Maus,
li la lu.
Wach aus deinen Träumen auf,
li la lu.

2. Alle Finger springen hoch,
springen hin und her.
Wecken dich ganz zärtlich auf,
das gefällt dir sehr.

Refrain: Aufgewacht, du süße Maus ...

3. Alle Finger tanzen froh ...

Refrain: Aufgewacht, du süße Maus ...

4. Alle Finger streicheln auch ...

Refrain: Aufgewacht, du süße Maus ...

5. Alle Finger fassen dich,
heben dich jetzt auf,
und du kommst
auf meinen Arm,
das gefällt dir auch.

Refrain: Aufgewacht,
du süße Maus ...

Die Fledermäuse

von Ingrid Biermann

10 schwarze Fledermäuse fliegen auf und ab. **1**
10 schwarze Fledermäuse machen niemals schlapp. **2**
10 schwarze Fledermäuse fliegen kreuz und quer. **3**
10 schwarze Fledermäuse sehen gar nichts mehr. **4**
10 schwarze Fledermäuse machen sich ganz klein. **5**
10 schwarze Fledermäuse schlafen leise ein. **6**

Fingerspiel für die Kleinsten und für Kindergartenkinder

Beim Spiel für die Kleinsten machen die Eltern die Bewegungen vor. Kindergartenkinder können die Bewegungen selber machen.

1 Die Finger spreizen und wellenförmig bewegen.
2 Die Hände schnell hin und her bewegen.
3 Die Arme kreuzen.
4 Mit den Händen die Augen zuhalten.
5 Die Hände ballen und sie sich auf den Kopf legen, dann ein wenig ducken.
6 Den Kopf auf die Hände legen.

Weihnachten und Ostern

Hier steht ein großer Tannenbaum

überliefert

Hier steht ein großer Tannenbaum 1
mit bunten Lichtern dran. 2
Da kommt, trapp, trapp,
der Weihnachtsmann
und steckt ein Lichtlein an.
Das Glöcklein tönt ganz leis und sacht, 4
ruft alle, groß und klein.
Die Weihnachtstür wird aufgemacht: 5
„Ihr Kinder, kommt herein!“

Handspiel für Kindergartenkinder

Dies ist eine originelle Idee, um am Heiligen Abend die Kinder in die Weihnachtsstube zu holen.

1 Die linke Hand ist der „Tannenbaum“, die ausgestreckten fünf Finger sind die Kerzen.
2 Der Zeige- und Mittelfinger der rechten Hand spielen den herankommenden Weihnachtsmann.
3 Der Zeigefinger der rechten Hand tippt auf die einzelnen „Kerzen“ und zündet sie so an.
4 Die linke Hand formt eine Glocke, indem sie eine Faust bildet, den Mittelfinger herausstreckt und wie einen Glockenschwengel hin und her bewegt.

Osterhäschen, komm ganz schnell

Text und Musik: Detlev Jöcker

Osterhäschen, komm ganz schnell 1
wie lang' muss ich noch warten.
Bring mir bunte Eier her 2
und leg sie in den Garten.
Ich such' sie dann
und finde sie
bestimmt im hohen Grase.
Dann ruf' ich froh:
„Ich dank' dir sehr, du lieber Osterhase!“ 3

Fingerspiel mit einem Osterei für Kindergartenkinder

Mit einer Hand den Osterhasen darstellen. Mit dem Daumen, dem Mittel- und Ringfinger wird ein Osterei festgehalten. Der ausgestreckte Zeigefinger und der kleine Finger sind die Hasenohren.

1 Der „Osterhase“ kommt angehoppelt.
2 Er legt das Ei irgendwo ab.
3 Mit der anderen Hand wird der Osterhase gestreichelt.

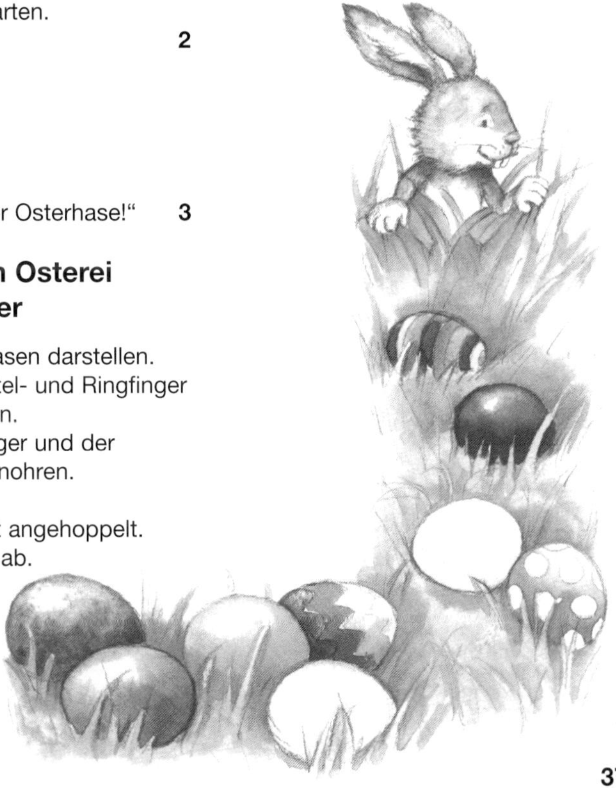

Geschichten und Rätsel

Pick, pick, pick, so macht das Huhn

Text: Ingrid Biermann / Musik: Detlev Jöcker

Pick, pick, pick, so macht das Huhn, 1
es hat heute viel zu tun. 2
Pick, pick, pick, es legt ein Ei, 3
aber manchmal sind's auch zwei. 4
Pick, pick, pick, jetzt ruht das Huhn, 5
es hat gar nichts mehr zu tun. 6

Handspiel für die Kleinsten

Sie legen die geöffnete Hand des Kindes in Ihre Hand.

1 + 2 Bei „pick" immer mit einem Finger in die geöffnete Hand des Kindes klopfen.

3 Bei „pick" wieder mit dem Finger in die Hand des Kindes klopfen und danach eine Ei-Form in seine Hand malen.

4 Noch einmal ein Ei malen.

5 Der Finger bewegt sich nicht mehr.

6 Die Hand des Kindes schließen.

Zwerg Wackelmütze

Text: Ingrid Biermann / Musik: Detlev Jöcker

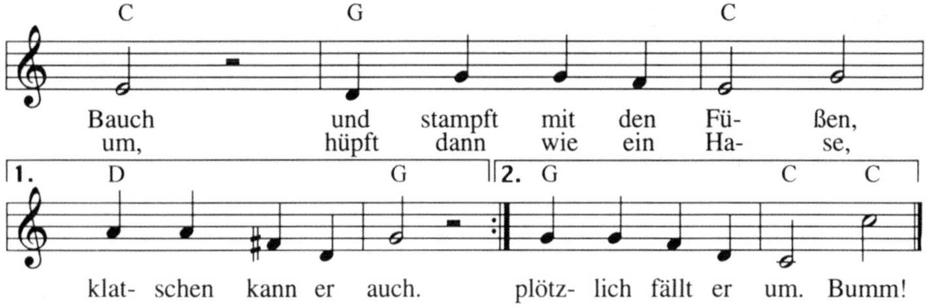

Finger- und Körperspiel für die Kleinsten

Oben auf des Berges Spitze 1
sitzt ein Zwerg mit seiner Mütze, 2
wackelt hin und wackelt her, 3
lacht ganz laut und freut sich sehr. 4
Reibt sich seine Hände,
klopft auf seinen Bauch
und stampft mit den Füßen,
klatschen kann er auch.
Fasst sich an die Nase
und springt froh herum,
hüpft dann wie ein Hase,
plötzlich fällt er um. Bumm! 6

1 Mit den Händen vor dem Gesicht einen Berg formen.
2 Mit den Händen über dem Kopf einen Berg formen.
3 Mit dem Kopf wackeln.
4 Vergnügt sein.
5 Alle Bewegungen dem Text entsprechend nachspielen.
6 Umfallen und ganz laut „Bumm!“ rufen.

Der Hoppelhas‘

Text: Ingrid Biermann / Musik: Detlev Jöcker

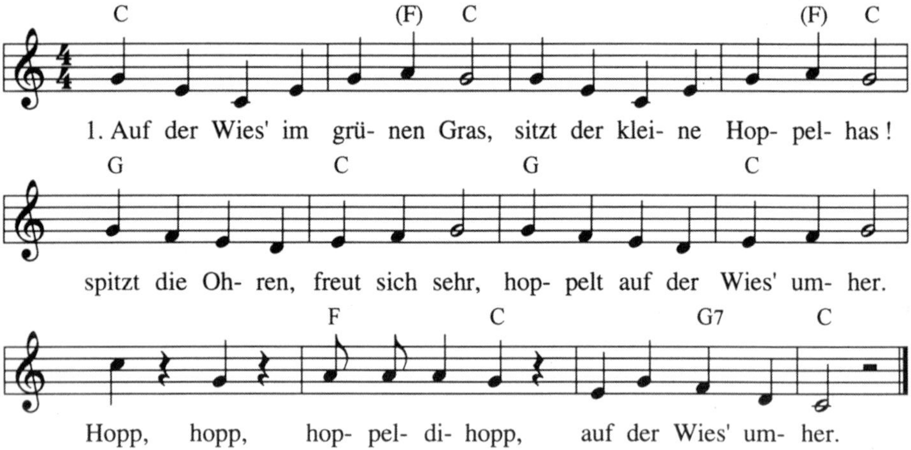

1. Auf der Wies’ im grünen Gras **1**
sitzt der kleine Hoppelhas',
spitzt die Ohren, freut sich sehr, **2**
hoppelt auf der Wies' umher. **3**
Hopp, hopp, hoppeldihopp,
auf der Wies' umher.

2. Auch der schöne Sonnenschein **4**
lässt den Hasen glücklich sein.
Und er hoppelt übers Feld, **5**
weil es ihm so gut gefällt.
Hopp, hopp, hoppeldihopp,
weil es ihm gefällt.

3. Abends schläft er dann allein **6**
unter einem Birnbaum ein.
Auf der Wies' im grünen Gras
schläft der kleine Hoppelhas' .
Hopp, hopp, hoppeldihopp,
schläft der Hoppelhas'.

Tischhandspiel zum Lied

Bei einer Hand werden Mittel- und Ringfinger auf den Daumen gelegt. Den Zeigefinger und den kleinen Finger hält man hoch. So entsteht ein Hasenkopf.

1 Eine Hand (Wiese) mit der Innenfläche nach oben auf den Tisch legen und die andere Hand (Hase) darauf setzen.
2 Die Hasenohren bewegen sich.
3 Der Hase bewegt sich auf der Hand.
4 Die „Wiesenhand“ streckt sich nach oben und spreizt ihre Finger (Sonnenstrahlen).
5 Der Hase hoppelt über die Tischplatte.
6 Ein Arm (Baum) steht auf dem Ellenbogen gestützt aufrecht auf einer Tischplatte. Der Hase legt sich unter den Baum.

Ein Elefant will bummeln gehn

Text: überliefert, bearbeitet von Detlev Jöcker / Musik: Detlev Jöcker

2. Und langsam setzt er Fuß vor Fuß,
Fuß vor Fuß, Fuß vor Fuß,
denn er ist doch kein Omnibus,
Omnibus.

3. Da läuft er plötzlich los ganz schnell,
los ganz schnell, los ganz schnell,
denn er will zu der Wasserstell',
Wasserstell'.

4. Und dort trinkt er fast alles leer,
alles leer, alles leer,
und schläft dann ein, oh bitte sehr,
bitte sehr.

5. Doch nach dem Schlafen kannst du
sehn, kannst du sehn, kannst du
sehn, da will er wieder bummeln
gehn, bummeln gehn.

6. Und bald schon singt das ganze Land,
ganze Land, ganze Land,
nur dieses Lied vom Elefant, Elefant.

Körperhandspiel zum Lied

Eine Hand ist der Elefant, der über den Körper bummeln geht. Die Wasserstelle könnte ein Ohr oder ein Nasenloch sein. Da steckt der Elefant seinen Rüssel (Finger) hinein und trinkt. Wenn der Elefant schläft, legt sich die flache Hand auf den Körper des Kindes.

Wieviel Tage hat das Jahr?

Text: überliefert, bearbeitet von Detlev Jöcker

Wieviel Wochen hat das Jahr?
Wieviel Stücke sind ein Paar?
Wieviel Lippen hat der Mund?
Wieviel Köpfe hat der Hund?

Wieviel Blättchen hat der Klee?
Wieviel Beine hat das Reh?
Wieviel Finger hat die Hand?
Wieviel Körner hat der Sand?

Wieviel Tage hat der Mai?
Wieviel Ecken hat ein Ei?
Weißt du alles ganz genau,
bist du wirklich superschlau.

Fingerspiel zu einem Rätsel für Kindergartenkinder

1 Den Text sprechen, den Daumen zeigen und die Antwort des Kindes abwarten.
2 Den Text sprechen, den Zeigefinger zeigen usw.

Schweinchen fett und Schweinchen dick

Text: überliefert, bearbeitet von Detlev Jöcker / Musik Detlev Jöcker

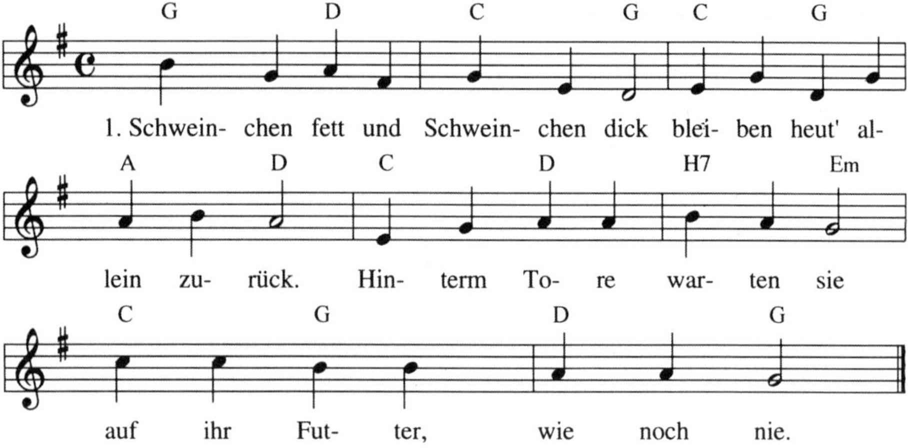

1. Schweinchen fett und Schweinchen dick 1
bleiben heut‘ allein zurück. 2
Hinterm Tore warten sie
auf ihr Futter, wie noch nie.

2. Schweinchen fett und Schweinchen dick
recken sich ein ganzes Stück 3
hinterm Tore in die Höh' .
hinterm Tore in die Höh' .
„Noch kein Futter da? 0 weh!“ 4

3. Schweinchen fett und Schweinchen dick
ziehen traurig sich zurück. **5**
Doch da öffnet sich das Tor, **6**
und sie stürzen schnell hervor. **7**

4. Schweinchen fett und Schweinchen dick,
welche Wonne, welch ein Glück!
Steht ein voller Trog, o ja, **8**
mit dem schönsten Futter da.

5. Schweinchen fett und Schweinchen dick
in dem nächsten Augenblick
stürzen nach dem Troge hin:
Plumps! Da liegen beide drin. **9**

Handspiel für Kindergartenkinder

Mit beiden Händen ein Tor bilden. Die Finger werden gekrümmt und die Fingerspitzen aufeinander gestellt. Die Daumen spielen „Schweinchen fett“ und „Schweinchen dick“.

1 Beide Daumen nach oben strecken.
2 Beide Daumen nach unten strecken.
3 Beide Daumen nach oben strecken.
4 Beide Daumen nach unten strecken.
5 Beide Daumen nach oben strecken.
6 Beide Hände zu Fäusten ballen
7 und damit schnelle Bewegungen machen.
8 Mit beiden Händen die Form einer Schale (Trog) bilden.
9 Beide Daumen fallen in den Trog.

Spreizet eure Fingerlein

Text: überliefert / Musik: Detlev Jöcker

2. Führt die Finger hin und her,
bewegt sie immer kreuz und quer und
ganz geschwind, so wie der Wind,
bis sie alle müde sind.

3. Und nun bildet schnell mit allen
scharfe, krumme Katzenkrallen,
alle Kinder sind dabei,
drückt sie fest nun, eins und zwei.

Finger wahrnehmen – Spiel zum Lied für die Kleinsten

Wenn Kinder ihre eigenen Hände wahrnehmen, sind Finger- und Handspiele besonders gut einzusetzen. Singen Sie das Lied langsam und führen Sie die Bewegungen entsprechend aus, damit das Kind diese nachvollziehen kann. Nach der 3. Strophe können Sie Ihr Kind in den Arm nehmen und es drücken.

Fingerturnen für Kindergartenkinder

Mit diesen Fingerübungen können Kindergartenkinder ihre Hände mal so richtig locker machen, indem sie einfach die im Lied vorgegebenen Bewegungen ausführen.

Seht, das ist mein Gesicht

Text: Lore Kleikamp / Musik: Detlev Jöcker

2. Ich drück' die Nase flach.
Wie sehe ich jetzt aus!
Nun mache ich sie lang
und ziehe sie ganz kraus.
Nun mache ich sie lang
und ziehe sie ganz kraus.

3. Die Lippen hebe ich
sehr kräftig einmal hoch.
Schau an, sie reichen fast
bis an das Nasenloch.
Schau an, sie reichen
fast bis an das Nasenloch.

4. Und nun zum guten Schluss,
halt' ich mir zu die Nas'.
Dass ich so komisch sprech',
macht mir den größten Spaß.
Dass ich so komisch sprech',
macht mir den größten Spaß.

Fingerspiel mit dem Gesicht für Kindergartenkinder

Bei diesem lustigen Spiel braucht man das Lied nur zu singen und gleichzeitig nachzuspielen.

In dieser Hand

von Lore Kleikamp

In dieser Hand
wohnt ein Elefant.
Er streckt seinen Rüssel
zum Fenster hinaus
und fragt: „Wer will noch in dieses Haus?
Es ist für mich schon viel zu klein,
drum zieh' ich meinen Rüssel ein!"

Handspiel für die Kleinsten und für Kindergartenkinder

Aus der Faust den Zeigefinger (Elefantenrüssel) strecken.

Auf der Wiese

von Ingrid Biermann

Auf der Wiese ist was los, 1
da krabbeln Tiere klein und groß.
Fideralala ... *

Der kleine Käfer frisst ganz munter 2
Läuse von dem Blatt herunter.
Fideralala ... *

Der Regenwurm, der ist nicht dumm, 3
er buddelt gern im Dreck herum.
Fideralala ... *

Die Raupe puppt sich gerne ein, 4
ein Schmetterling wird sie bald sein.
Fideralala ... *

Libellen fliegen mit Gesumm 5
am liebsten um den Teich herum.
Fideralala ... *

Und wenn der Mond am Himmel steht, 6
ein jedes Tier dann schlafen geht.
Fideralala ... *

Fingerspiel nach der Melodie „Die Vogelhochzeit“

* Rhythmisch in die Hände klatschen.
1 Mit den Fingern Krabbelbewegungen machen.
2 Mit den Fingern einer Hand aus der Handfläche der anderen Hand „fressen“.
3 Mit Zeigefinger und Daumen einer Hand e Loch formen und mit dem Zeigefinger de anderen Hand in das geformte Loch gehe
4 Mit den Händen ein Ei formen.
5 Mit den Händen Flugbewegungen mache
6 Mit den Händen einen Mond formen und dann den Kopf auf die Hände legen.

Der Zappeldino

von Lore Kleikamp

Vier Beine hat mein Dino,
tappt langsam vor sich her.
Geht immer ganz gemütlich,
denn Dinos sind sehr schwer.

Neugierig ist mein Dino,
will viele Dinge sehn.
Nur ist es manchmal schwierig:
Er kann den Kopf nicht drehn.

Doch ist der Hals beweglich.
Mal ist er lang, mal krumm,
mal schleudert er zur Seile
und manchmal rundherum.

Und immer geht der Kopf mit,
braucht sich nicht selbst zu drehn.
So kann mein lieber Dino
ganz viele Dinge sehn.

Handspiel für Kindergartenkinder

Der Zeigefinger ist gestreckt. Die anderen Finger tappen langsam über den Tisch.
Was kann der Dino noch alles machen?
Sich einen Freund suchen, ihn mit einem Dinokuss begrüßen, ein Wettrennen veranstalten usw.

Ein Rätsel muss man raten

Text: überliefert / Musik: Detlev Jöcker

2. Wer putzt sich oft das Mäulchen,
und wer spielt mit dem Knäulchen,
wer hat so weiche Tätzchen?
Na klar, es ist das ...
Na klar, es ist, na klar, es ist,
na klar, es ist das Kätzchen!

3. Das runde Ding aus Leder,
das kennt doch wirklich jeder.
Oft ist es groß und prall.
Genau, es ist ein ...
Genau, es ist, genau, es ist,
genau, es ist ein Ball!

4. Man kann so vieles kaufen. **1**
Kann hundert Meter laufen. **2**
Ein Ei kann man auch braten. **3**
Ein Rätsel muss man ... **4**
Ein Rätsel muss man, Rätsel
muss man, Rätsel muss man raten.

Pantomimisches Finger- und Ratespiel für Kindergartenkinder

Strophe 1

Mit beiden Händen einen „Kuchen" festhalten. Bei „ein süßes Stückchen ..." einmal kräftig abbeißen und „Mhhh!" sagen.

Strophe 2

Katzenpfötchen machen. Bei „Na klar, es ist das ..." Streichelbewegungen machen und „Miau!" sagen.

Strophe 3

Mit beiden Händen pantomimisch einen Ball formen. Bei „Genau, es ist ein ..." einem anderen den „Ball" zuwerfen und rufen: „Fang ihn!"

Strophe 4

1 Daumen und Zeigefinger aufeinanderreiben.
2 Auf der Stelle laufen.
3 Daumen und Zeigefinger zusammenführen, so dass die Form eines Eies entsteht.
4 Mit dem Zeigefinger einmal an die Schläfe tippen.

Necken und Trösten

Ich bring' die Post

Text und Musik: Detlev Jöcker

Ich bring' die Post. 1
Ich bring' die Post
und klingel einmal
(zweimal, dreimal) an. 2
Ist niemand da?
Ist niemand da?
Dann klopfe ich sodann. 4
Ich rüttel an der Tür ganz fest, 5
doch niemand öffnet mir.
Na gut, dann komm ich
morgen wieder, 6
etwa gegen vier.

Neckspiel für die Kleinsten

1 Mit den Fingern am Körper des Kindes hochlaufen.
2 Sein Ohr fassen und es leicht hin und her bewegen.
3 An das andere Ohr fassen und hin und her bewegen.
4 An die Stirn des Kindes klopfen.
5 An seine Nase fassen und hin und her bewegen.
6 Dem Kind über den Kopf streicheln und dann hinunter bis zu den Füßen gehen.

Ganz langsam geht der Fingermann

von Detlev Jöcker

Ganz langsam geht der Fingermann, 1
Schritt vor Schritt.
Dann fängt er schon zu laufen an, 2
tripp, trapp, tripp.
Dann springt er hoch, dreht sich im Kreis. 3
Jetzt kann er sogar fliegen.
Da wird er müd', er landet sacht, 4
und bleibt auf deiner Nase liegen.

Neckspiel auf dem Tisch für die Kleinsten und für Kindergartenkinder

1 Langsam gehen Zeige- und Mittelfinger über die Tischplatte auf das Kind zu.
2 Die Finger laufen schneller.
3 Die Finger stoßen sich auf der Tischplatte ab und springen hoch. Anschließend macht die Hand eine Kreisbewegung in der Luft.
4 Zeige- und Mittelfinger tippen kurz die Nase des Kindes an.

Schon tut es nicht mehr weh

von Rolf Krenzer

Wir wollen es versuchen
und kneten einen Kuchen.
Milch und Mehl, die müssen sein,
Salz und Zucker auch hinein.
Hefe lässt den Kuchen gehn.
Kneten macht den Kuchen schön.
Butterflöckchen, Eierschnee.
Schon tut es nicht mehr weh!

Weine nicht

von Rolf Krenzer

Weine nicht, weine nicht.
Ich pust' dir leise ins Gesicht. **1**
Ich puste auf dein Näschen, **2**
dann wird's vielleicht ein Späßchen.
Ich puste hinters Ohr, **3**
dann kommt schon das Lachen, **4**
dann kommt schon das Lachen,
dann kommt schon das Lachen hervor.

Spiel bei Bauchweh für die Kleinsten und für Kindergartenkinder

Zu dem Spruch wird
das Bäuchlein
gestreichelt und
leicht gerieben.

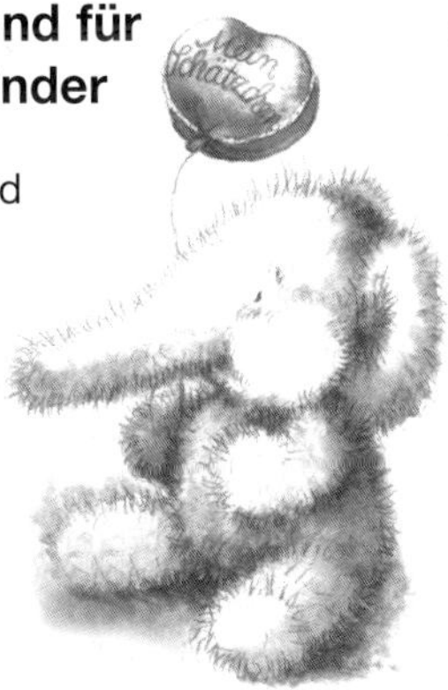

Trostspiel für die Kleinsten

1, 2, 3 Nach dem Vers eine Pause machen und das Kind leicht anpusten.

4 Das Kind kitzeln.

Finger kennenlernen

Dies ist der Daumen Knudeldick

Text: überliefert / Musik: Detlev Jöcker

2. Der Zeigefinger, der ist klug,
   der droht, wenn jemand Böses tut.
   Bringt unser Kind zum Lachen
   beim Killekillemachen.
   Bringt unser Kind zum Lachen
   beim Killekillemachen.

3. Der dritte ist der größte hier,
   viel länger als die andern vier.
   Da kann er schön bewachen,
   was seine Brüder machen.
   Da kann er schön bewachen,
   was seine Brüder machen.

4. Der vierte ist ein eitles Ding,
   der trägt am liebsten einen Ring.
   Und schmückt er sich zum Feste,
   denkt er, er wär' der Beste.
   und schmückt er sich zum Feste,
   denkt er, er wär' der Beste.

5. Von allen Fingern kommt zum
   Schluss der winzig kleine Pfiffikus.
   Der wedelt mit dem Schwänzchen
   beim frohen Fingertänzchen.
   Der wedelt mit dem Schwänzchen
   beim frohen Fingertänzchen.

Fingerspiel zum Lied

1. ***Strophe***
   Eine Faust bilden und den Daumen darin verstecken.
2. ***Strophe***
   Mit dem Zeigefinger eine Drohgebärde machen.
3. ***Strophe***
   Die Fingerkuppe des Zeigefingers der anderen Hand auf die Kuppe des Mittelfingers der Spielhand legen.
4. ***Strophe***
   Einen „Ring“ an den Ringfinger stecken.
5. ***Strophe***
   Den kleinen Finger bewegen.

Ich habe einen Fingerhut

von Ingrid Biermann

Ich habe einen Fingerhut,
und der steht meinen Fingern gut.
Probier es aus, dann kannst du sehn,
wem wird er wohl am besten stehn.
Vielleicht dem Daumen, diesem dicken? **1**
Er paßt heut‘ nicht, auch wenn wir drücken.
Der Zeigefinger ist zu lang, **2**
dem Fingerhut wird angst und bang.
Der Mittelfinger wehrt sich sehr, **3**
er will den Fingerhut nicht mehr.
Der Ringfinger, der macht gleich schlapp, **4**
der Fingerhut fällt von ihm ab.
Dem kleinen Finger steht er gut, **5**
der wunderschöne Fingerhut.

Spiel mit einem Fingerhut für Kindergartenkinder

Die Kinder basteln einen Fingerhut und bemalen ihn mit einem lustigen Gesicht.

1 Den Hut auf den Daumen drücken.
2 Den Hut auf den Zeigefinger setzen und ihn dort schnell wieder herunternehmen.
3 Mit dem Mittelfinger wackeln.
4 Den Ringfinger beugen und den Hut abwerfen.
5 Den Hut auf den kleinen Finger setzen und den Finger (bzw. die Hand) stolz hin und her bewegen.

Das erste Spielzeug der Kleinen sind die eigenen Finger. Mit Staunen und Begeisterung nehmen sie die Bewegungen ihrer Hände wahr. Viele Mütter und Väter entdecken in dieser Phase, dass sie mit Fingerspielen einen innigen und liebevollen Kontakt zu ihrem Kind herstellen können. Beim Schmusen, Wickeln, Waschen, Trösten, Einschlafen und Aufwachen sind Fingerspiele für die Kleinsten anregend und hilfreich. Aber auch für Kindergartenkinder sind Fingerspiele zu zweit oder in der Gruppe ein phantasieanregender und lustiger Spielespaß. Darüber hinaus bieten Fingerspiele für die kindliche Entwicklung viele kreative Angebote, die das Denken, die Sprache, die schöpferischen Fähigkeiten und die soziale Entwicklung der Kleinen fördern. In diesem Buch finden Eltern, Leiterinnen von Kindergruppen und ErzieherInnen viele originelle und zeitgemäße Anregungen für das liebevolle Miteinander zwischen Kindern und Erwachsenen.

Hinweis für den praktischen Umgang mit Fingerspielen.

Als vierfacher Vater hatte ich immer wieder die Möglichkeit, Fingerspiele „hautnah" auszuprobieren. Einige Erfahrungstipps möchte ich an dieser Stelle weitergeben:

• Halten Sie beim Spiel Ihre Finger ca. 30 cm von den Augen des Kindes entfernt, weil es die Hände ansonsten nur schemenhaft wahrnimmt. Durch den Grad seiner Aufmerksamkeit signalisiert das Kind aber auch, ob der Abstand richtig ist.

• Sprechen oder singen Sie die Texte deutlich. Durch das akzentuierte Sprechen wir die Lautbildung besonders obertonreich. Auf obertonreiche Geräusche reagieren Kinder mit großer Aufmerksamkeit (Glockenspiel, Pfeifen usw.).

• Lassen Sie auch Ihre Mimik sprechen. Kinder schauen während eines Fingerspiels immer wieder auf das Gesicht des Spielers. Beispiel: Einen lustigen Text sollte man fröhlich sprechen, einen Streicheltext mit einem sanften Lächeln usw.

• Führen Sie die Fingerbewegungen langsam aus, damit das Kind die Abläufe in aller Ruhe aufnehmen und nachvollziehen kann.

• Kinder lieben Wiederholungen. Wenn Sie feststellen, dass ein Fingerspiel besonders beliebt ist, bieten Sie es ruhig immer wieder an.

• Jede Minute der Freude, die Sie Ihrem Kind schenken, bekommen Sie zehnfach zurück. In diesem Sinne wünsche ich Ihnen viel Spaß beim gemeinsamen Spielen

Mit klingenden Grüßen
Detlev Jöcker

TOP 10 – Die beliebtesten Tonträger

1. 1, 2, 3 im Sauseschritt
2. Komm, du kleiner Racker
3. Der Regenbogenfisch
4. Si-Sa-Singemaus
5. Kleine Kerze leuchte
6. Und weiter geht's im Sauseschritt
7. Ich bin der kleine Zappelmann
8. Kinderträumeland
9. Mile male mule, ich gehe in die Schule
10. Meine Weihnachts-Zauberwelt